64 Seiten gegen Stress

Kerstin Jeding

64 Seiten gegen Stress

Die kleine Sofort-Hilfe

Aus dem Schwedischen von Sigrid Irimia

KREUZ

Inhalt

Einleitung   7

1. Welche Schwierigkeiten bereitet Ihnen der Stress?   8
2. Was haben Sie schon alles versucht, um Ihr Problem loszuwerden?   12
3. Wollen Sie etwas Neues ausprobieren?   16
4. Weshalb tun wir Dinge, die nicht funktionieren?   18
5. Zwei Welten   22
6. Die Alternative   27
7. Akzeptanz versuchen   30
8. Dezentrierung versuchen   34
9. Gönnen Sie es sich, im Jetzt zu sein   40
10. Der problemfreie Normalzustand – eine Illusion   43
11. Ein wertvolles Leben   47
12. Das Leben als Star   54

Einleitung

Gehören auch Sie zu den Menschen, die von Stress und Erschöpfung geplagt werden? Oder unter stressbedingter Unruhe und Niedergeschlagenheit leiden? Dann ist dieses Buch extra für Sie geschaffen. Mit Sicherheit haben Sie schon öfter versucht, Ihre Probleme aus der Welt zu schaffen – mit diesem kleinen Buch gebe ich Ihnen eine neue Alternative an die Hand. Eine Alternative, von der ich weiß, dass sie bei den Menschen, denen ich tagtäglich in meiner Praxis in der Stressambulanz als Psychologin begegne, funktioniert.

Ich denke, Ihre Probleme haben nichts mit Ihrem Verstand zu tun, darum wird sich mein Buch auch nicht dieses Themas annehmen. Vielmehr habe ich Übungen zusammengestellt, die Ihnen neue nützliche Erfahrungen ermöglichen. Überlassen Sie das Steuer nicht Ihrem Verstand. Probieren Sie stattdessen die Übungen in diesem Buch aus und entscheiden Sie, welche für Sie passt und welche nicht. Lassen Sie sich dann von Ihren neuen Erfahrungen leiten.

Sollten Sie meinen, eine der Übungen bereits zu kennen und zu beherrschen, oder sollten Sie eine Übung für umständlich halten, machen Sie sie auf jeden Fall. Was Sie bisher probiert haben, hat nicht funktioniert. Was also können Sie verlieren?

Sind Sie nun bereit, etwas gegen Ihren Stress zu tun?

1.

1. Welche Schwierigkeiten bereitet Ihnen der Stress?

Den Begriff Stress verwenden wir häufig, um zu beschreiben, wie wir uns fühlen, wenn nicht alles glatt läuft. Wenn unsere Balance irgendwie aus dem Lot geriet und wir müde, gereizt oder angespannt sind, Schmerzen oder Herzklopfen haben und unruhig sind. Oder wenn uns tausend Gedanken durch den Kopf schwirren, während wir uns ausruhen oder konzentrieren möchten.

Stress kann dazu führen, dass wir Dinge tun, die wir nicht tun wollen: Wir nörgeln an unseren Kindern herum, trinken zu viel Alkohol, drücken uns vor Sport und sozialen Aktivitäten oder flüchten uns geradezu in sie, wir arbeiten zu viel und verbringen zu wenig Zeit mit unserem Partner. Oder im Gegenteil: Stress kann uns daran hindern, die Dinge zu tun, die wir tun möchten.

Können Sie sich an eine Situation erinnern, da Sie aus lauter Stress etwas taten, was Sie gar nicht wollten, oder etwas unterließen, was Sie gerne getan hätten? Mit fällt da beispielsweise ein, dass ich gestern meine Hausaufgaben für den Chinesischunterricht nicht gemacht habe.

Nicht selten verbinden wir unsere Probleme mit Dingen, die außerhalb von uns geschehen: Druck am Arbeitsplatz, die Herausforderung, zwei verschiedene Lebensrollen zu vereinbaren, Lärmbelästigung, unfähige Vorgesetzte, undurchsichtige Arbeitsorganisation, schwierige Beziehungen, unangenehme Erlebnisse und Ähnliches. Es steht für uns außer Frage, dass unsere Probleme mit solchen äußeren Dingen zusammenhängen. Wir sind sehr gut darin, Verbindungen und Erklärungen zu finden, und oftmals haben wir höchst nachvollziehbare Gründe, uns schlecht zu fühlen oder etwas Bestimmtes zu tun. Wie in meinem Beispiel von vorhin: Weil ich mich tagsüber so abgehetzt hatte, war ich müde und nicht fähig, meine Hausaufgaben zu machen.

Was war denn Ihr Grund in der Situation, an die Sie sich erinnern?

Mit Sicherheit hatten Sie einen guten Grund. Und vielleicht fallen Ihnen noch ein paar mehr ein. Überlegen Sie doch, welche Gründe Sie zusätzlich gehabt haben können. Wenn ich davon ausgehe, wie solche Situationen erfahrungsgemäß aussehen, dann vermute ich, es fällt Ihnen nicht schwer, Ihr Verhalten zu begründen. Meine eigenen Gründe könnten so lauten: Ich hatte schlechte Laune. Es regnete, und der Bus hatte Verspätung. Die Kinder waren quengelig. Mein Mann kam zu spät von der Arbeit. Chinesisch ist eine sehr schwere Sprache. Ich musste nach dem Essen den Abwasch machen, weil sonst keiner Lust dazu hatte. Es war schon sehr spät. Natürlich war ich müde und schaffte es nicht mehr, meine Hausaufgaben zu machen!

Versuchen Sie nun, nach Gründen zu suchen, die Sie hätten haben können, um das Gegenteil von dem zu tun, was Sie tatsächlich taten. Meine Gründe dafür, meine Hausaufgaben zu machen, sind: Ich möchte gerne Chinesisch lernen. Irgendwie reizt mich diese Sprache. Und ich kann mir mehr Gründe vorstellen. Wie steht es mit Ihren Motiven?

Natürlich ist es etwas verdächtig, dass wir so leicht Gründe für und gegen etwas finden können. Dennoch waren all diese mehr oder weniger einleuchtenden Motive, die wir vorbrachten, nicht diejenigen, die unser Verhalten tatsächlich steuerten. Wir hatten gute Gründe, und oft hatten wir ebenso starke oder stärkere Motive, das Gegenteil von dem zu tun, was wir getan haben. Hier liegt unser erster Anhaltspunkt dafür, dass es unser Verstand nicht immer am besten weiß. Es ist auch ein Anhaltspunkt dafür, dass es uns nicht immer nützt zu verstehen, warum etwas so und nicht anders war.

Unser Verstand weiß es nicht immer am besten.

Darum werden wir in diesem Buch nicht den Ursachen dafür auf den Grund gehen, weshalb gerade Sie gestresst sind. Stattdessen wollen wir uns mit der Frage beschäftigen, wie der Stress Sie beeinflusst und wie Sie darauf reagieren. Sie werden merken, dass Sie auf diese Weise wirklich handlungsfähiger werden, wenn Sie an der Quelle für Ihren Stress arbeiten möchten. Fassen Sie für sich selbst zusammen, was Ihr Problem ist:

Welche Gedanken, Gefühle und körperlichen Empfindungen machen Ihnen zu schaffen?

Was tun Sie zu viel oder zu wenig?

Welche Situationen und Dinge vermeiden Sie?

Welche die Ursache zu Ihrem Problem auch immer sein mag, häufig leiden Sie nicht unter dem Problem an sich, sondern unter der Art, wie es Ihr Leben beeinflusst und Sie daran hindert, etwas zu tun oder zu sein.

Wie würde Ihr Leben aussehen, hätten Sie das erwähnte Problem gar nicht?

2.

2. Was haben Sie schon alles versucht, um Ihr Problem loszuwerden?

Jetzt wissen wir, was Ihnen zu schaffen macht. Betrachten wir doch mal, was Sie bisher schon unternommen haben, um die lästigen Gedanken, Gefühle und körperlichen Empfindungen, die Sie auf der vorigen Seite notiert haben, loszuwerden.

Überlegen Sie kurz, was Sie für gewöhnlich tun, wenn Sie sich gestresst, rastlos, unruhig oder voller negativer Gedanken fühlen. Sie haben bereits begonnen, Strategien – Aktivität oder Vermeidung – zu erkennen, die Sie als Teil Ihres Problems erleben. Schauen Sie, ob Ihnen noch mehr Strategien auffallen, die Sie vielleicht gar nicht für problematisch an sich halten, sondern von denen Sie meinen, sie seien für Sie gut. Vielleicht haben Sie früher Ihr Handeln gar nicht als Strategie betrachtet, mit ihren Erlebnissen klarzukommen. Bewegen Sie sich viel? Arbeiten Sie mehr? Denken Sie an etwas anderes?

LISTEN SIE BITTE AUF, WAS SIE BEREITS VERSUCHT HABEN

Ich habe versucht ...	Was sollte die Strategie bewirken?	Wie gut hat die Strategie funktioniert?
... aus der Situation herauszugehen – ich verlasse die Sitzung, die Party.	das Symptom verschwinden lassen das Symptom kontrollieren verhindern, dass es entsteht etwas anderes	gar nicht gut kurzfristig gut langfristig gut kurz- und langfristig gut
... mich zu zerstreuen, indem ich an etwas anderes denke oder etwas anderes tue, beispielsweise Sport treibe.	das Symptom verschwinden lassen das Symptom kontrollieren verhindern, dass es entsteht etwas anderes	gar nicht gut kurzfristig gut langfristig gut kurz- und langfristig gut
	das Symptom verschwinden lassen das Symptom kontrollieren verhindern, dass es entsteht etwas anderes	gar nicht gut kurzfristig gut langfristig gut kurz- und langfristig gut

SETZEN SIE DIE LISTE HIER FORT ...

Ich habe versucht ...	Was sollte die Strategie bewirken?	Wie gut hat die Strategie funktioniert?
	das Symptom verschwinden lassen	gar nicht gut
	das Symptom kontrollieren	kurzfristig gut
	verhindern, dass es entsteht	langfristig gut
	etwas anderes	kurz- und langfristig gut
	das Symptom verschwinden lassen	gar nicht gut
	das Symptom kontrollieren	kurzfristig gut
	verhindern, dass es entsteht	langfristig gut
	etwas anderes	kurz- und langfristig gut

Können Sie ein Muster erkennen?

Manche Ihrer Strategien haben manchmal, wenigstens auf kurze Sicht, gut funktioniert – genau darum haben Sie sie angewandt und wenden sie immer noch an. Da Sie aber dieses Buch lesen, nehme ich an, dass Sie immer noch keine gute langfristige Lösung für Ihre Probleme gefunden haben. Stimmt das?

3.

3. Wollen Sie etwas Neues ausprobieren?

Ich nehme an, Sie sind ein kluger und begabter Mensch – hätte es eine Möglichkeit gegeben, Ihre Probleme loszuwerden, sie unter Kontrolle zu halten oder zumindest zu vermeiden, Sie hätten sie schon längst gefunden.

Überlegen Sie, ob Sie nicht jene Gedanken, Gefühle und körperlichen Empfindungen, die Sie plagen, loswerden können. Fragen Sie nicht Ihren Verstand, sondern fragen Sie nun Ihre Erfahrung: Schauen Sie sich noch einmal die eben erstellte Auflistung Ihrer Probleme sowie der Strategien, die Sie bereits versucht haben, an.

Können wir problematische Gedanken, Gefühle und körperliche Empfindungen kontrollieren?

4.

4. Weshalb tun wir Dinge, die nicht funktionieren?

Obwohl das nun mal nicht geht, versuchen alle klugen Menschen ihre problematischen Erlebnisse loszuwerden. Weshalb?

Die einfache Antwort darauf lautet: Wir Menschen benutzen gewohnheitsmäßig ein Werkzeug, das häufig gut funktioniert, nämlich unser Gehirn. In diesem Fall jedoch versagt es.

Stellen Sie sich vor, jemand verbindet Ihnen die Augen und schickt Sie hinaus auf ein Feld. Sie dürfen nichts mitnehmen – außer einen Werkzeugkasten; den halten Sie fest in Ihren Händen. Während Sie gehen, spüren Sie, dass das Feld von kleinen und großen Gräben und Löchern übersät ist. Bald fallen Sie in einen Graben hinein. „Oh, nein", denken Sie sich, „ich muss eine Möglichkeit finden, hier wieder herauszukommen!" Also nehmen Sie sich Ihren Werkzeugkasten vor. Sie stellen fest, dass er nur ein einziges Werkzeug enthält: nämlich einen Spaten. Damit beginnen Sie nun zu graben, um aus dem Erdloch herauszugelangen. Doch Sie kommen nicht hoch. „Ich muss mir mehr Mühe geben", sagen Sie sich und graben noch eifriger als zuvor. Sie graben und graben, doch alles, was Sie erreichen, ist, dass Sie immer matter werden. Und der Graben wird größer und tiefer.

Dies ist ein Gleichnis für unser Leben und für die Art und Weise, wie wir Schwierigkeiten in unserem Leben entgegentreten. Wir führen ständig ein Werkzeug mit: unser scharfes Gehirn, eine im gesamten Tierreich nicht zu übertreffende Problemlösungsmaschine. Und wir wenden diese Maschine auf alle Problemarten an, ganz gleich, ob sie sich als Werkzeug eignet oder nicht.

Ihr Gehirn kann sich mit Sicherheit eine Menge Vorschläge ausdenken, wie Sie mithilfe eines Spatens aus dem Graben wieder herauskommen können. Dass es diese Vorschläge machen kann, bedeutet nicht, dass sie auch funktionieren.

Ich habe Sie bereits gebeten, hinsichtlich Ihrer Auseinandersetzung mit Ihrem Stress einmal von Ihrem Verstand abzusehen und stattdessen Ihre Erfahrung zu Hilfe zu nehmen. Denn Sie werden erkennen, dass Ihr Verstand Ihnen oft eines sagt, während Ihre Erfahrung Ihnen etwas anderes sagt. Und Ihr Verstand kann Dinge so klug, rational, logisch und wahr aussehen lassen, dass Sie sich leicht davon überzeugen lassen.

Fragen Sie von nun an:

„Funktioniert das?"

Und fragen Sie nicht:
„Hört sich das vernünftig an?"

5.

5. Zwei Welten

Unser Gehirn sichert unser Überleben,
nicht unser Wohlbefinden.

Unser Gehirn kann fantastische Szenarien entwerfen. Es wertet rasch die Ausgangslage aus und vergleicht sie mit unseren Wünschen. Anschließend startet es die kreative Planung der Möglichkeiten, auf welche Weise die Ausgangslage verändert und zur erwünschten Lage werden kann. Sehr, sehr oft ist unser Gehirn erfolgreich.

Wenn einer unserer Vorfahren fror, so schaffte er es mithilfe unseres gut entwickelten zentralen Nervensystems in Höhlen zu ziehen, Feuer anzuzünden, sich Tierfelle überzustreifen und immer weitere Lösungen zu finden bis hin zu den zeitgenössischen Heizungssystemen, die wir mittels unseres Telefons fernsteuern können. Schauen Sie sich ruhig um: Die Welt steckt voller ausgeklügelter Lösungen und technischer Leistungen, die wir alle unserem Gehirn zu verdanken haben.

Hier ist ein weiteres Beispiel für die Art und Weise, wie unser Gehirn Probleme löst:

Problem	Lösung	Wie funktioniert es kurzfristig?	Wie funktioniert es langfristig? (Werde ich mein Problem los?)
Die Tapeten in meinem Wohnzimmer sind hässlich.	Ich schaffe mir neue Tapeten an.	Schwer durchführbar.	Sehr gut.
	Ich hänge Tücher vor die Wände.	Schwer durchführbar.	Sehr gut.
	Ich halte mich in einem anderen Zimmer auf.	Nicht allzu schwer durchführbar.	Sehr gut.

Wie wir sehen, können manche Lösungen kurzfristig etwas schwer durchführbar sein. Auf lange Sicht jedoch funktionieren sie hervorragend, denn sie ersparen es mir, die hässlichen Tapeten zu sehen. Das Gehirn konnte in punkto Problemlösung einen weiteren Triumph feiern.

Problem	Lösung	Wie funktioniert es kurzfristig?	Wie funktioniert es langfristig? (Werde ich mein Problem los?)
Ich bin zu einer Party eingeladen, doch auf Partys bekomme ich Panikattacken.	Ich gehe nicht zu der Party.	Puh, gute Entscheidung!	Überhaupt nicht, nächstes Mal erlebe ich wieder das gleiche Theater.
	Ich nehme eine Beruhigungstablette.	Innerhalb von 20 Minuten Topwirkung erreicht.	Überhaupt nicht, nächstes Mal erlebe ich wieder das gleiche Theater.
	Ich gehe nur zusammen mit Tina.	Geht ganz gut, ich vermeide Panik so lange, wie Tina in der Nähe bleibt.	Überhaupt nicht, nächstes Mal erlebe ich wieder das gleiche Theater.

In diesem Beispiel wirken die Lösungen bereits auf kurze Sicht. Nur langfristig zeigen sie keinerlei Wirkung. Das Muster dafür, wie diese Lösungen auf kurze beziehungsweise lange Sicht funktionieren, steht im Gegensatz zu dem Beispiel mit den hässlichen Tapeten.

Worin liegt denn der Unterschied zwischen den zwei Problemen, die wir betrachtet haben? – Das Problem mit den Tapeten finden wir in der äußeren Welt wieder, während das Problem mit den Panikattacken in uns, in der inneren Welt liegt.

All das, was sich in unserem Bewusstsein, unseren Gedanken, Gefühlen und körperlichen Empfindungen abspielt, all unsere inneren Erlebnisse machen unsere innere Welt aus. Alles andere gehört zur äußeren Welt. Hier ist das Gehirn ein ausgezeichnetes Werkzeug, das alle möglichen Probleme löst. Und da wir es als effektives

Werkzeug kennen, versuchen wir unser Gehirn auch in der inneren Welt zu benutzen. Wir haben in unserem Werkzeugkasten einen Spaten gefunden und versuchen diesen selbst dann zu benutzen, wenn wir in ein Loch gefallen sind. Wenden wir jedoch in der inneren Welt diejenigen Strategien an, die wir in der äußeren Welt als erfolgreich erlebt haben, versuchen wir also unsere Probleme zu lösen, indem wir Unannehmlichkeiten beseitigen, kontrollieren oder vermeiden, dann werden unsere Probleme wahrscheinlich nur größer.

Beispiele:

Strategie	Kurzfristige Wirkung	Langfristige Wirkung
Ich habe meine Angestellten angeschrieen.	Während ich schrie, ging es mir etwas besser.	Die Stimmung in der Arbeitsgruppe ist schlecht, und es gibt mehr Konflikte, die mich wütend machen.
Ich habe Alkohol getrunken.	Für einige Stunden hat das meine Angst gedämpft.	Ich bin dabei, Job und Familie zu verlieren.
Ich habe eine Situation vermieden (Aufzug oder Bus fahren, zu einer Party oder in eine Sitzung gehen).	Ich bin um die schlechten Gefühle herumgekommen, die ich sonst gehabt hätte.	Nun braucht es immer weniger, damit es mir schlecht geht, und ich muss noch mehr Situationen vermeiden.

Vielleicht verstärkte gerade eine der Strategien, die Sie in Kapitel 2 aufgeschrieben haben, Ihr Problem oder Ihr Leiden. Haben Sie die Erfahrung gemacht, dass sich ein Problem aus der inneren Welt verschlimmert, wenn Sie versuchen es zu kontrollieren, zu beseitigen oder zu vermeiden?

6.

6. Die Alternative

Aus meiner Erfahrung als Therapeutin weiß ich, dass es unmöglich ist, Gefühle, Gedanken oder körperliche Empfindungen langfristig zu beseitigen, zu kontrollieren oder zu vermeiden. Trotz unserer Bemühungen, sie loszuwerden, bestehen sie fort. Oder unsere Versuche, sie zu kontrollieren, machen sie sogar schlimmer. Schauen Sie sich noch einmal an, welche Probleme Sie in Kapitel 1 auf Seite 11 aufgelistet haben, und werfen Sie dann noch einmal einen Blick auf Ihre Antworten in den Kapiteln 2, 3 und 5. Beantworten Sie die folgende Frage:

> Zeigt Ihnen Ihre Erfahrung, dass Sie die Gedanken, Gefühle und körperlichen Empfindungen, die Sie nicht haben wollen, beseitigen, kontrollieren oder vermeiden können?

Wenn es nun unmöglich ist, die Gedanken, Gefühle und körperlichen Empfindungen, die unser Problem ausmachen, zu beseitigen, zu kontrollieren oder zu vermeiden, dann lautet die Alternative: Lassen wir sie doch einfach gewähren. Lassen wir sie bereitwillig zu, statt eine Menge nutzloser Energie in den Kampf zu investieren, sie loszuwerden.

Lassen wir unsere Probleme einfach da sein.

Doch wie können wir das aushalten? Wir brauchen eine Methode, mit dem Dasein unserer Probleme zurechtzukommen, ohne sie kontrollieren zu müssen.

Ich stelle Ihnen eine Alternative vor in Form von Akzeptanz, Dezentrierung und Achtsamkeit – also Dasein im Jetzt. Und ich möchte, dass Sie oder Ihr Verstand mir Glauben schenken, wenn ich Ihnen sage, dass diese Alternative tatsächlich funktioniert. Und ich möchte, dass Sie es selbst ausprobieren und dann Ihrer Erfahrung gemäß entscheiden.

Sind Sie bereit, es zu versuchen?

Akzeptanz

Dezentrierung

Achtsamkeit

7.

7. Akzeptanz versuchen

Bevor Sie weiterlesen: Stoppen Sie die Zeit, die Sie ohne zu atmen auskommen, und schreiben Sie das Ergebnis hier auf:

Sekunden

Nun haben Sie die Möglichkeit zu überprüfen, ob sich Ihre Fähigkeit, unangenehme Gedanken, Gefühle und körperliche Empfindungen anzunehmen, durch Akzeptanz steigern lässt. Lesen Sie zunächst die Tipps, die ich Ihnen im Folgenden gebe. Gehen Sie sie mehrmals durch, bevor Sie beginnen, damit Sie sie wirklich anwenden können, während Sie den Atem anhalten.

➔ *Wo sitzt der Wunsch zu atmen?* Wenn Sie den Atem freiwillig anhalten, müssen Sie damit rechnen, dass Sie Lust bekommen zu atmen, dass Sie einen Wunsch zu atmen verspüren. Versuchen Sie zu fühlen, wo dieser Wunsch sitzt – lokalisieren Sie den Sitz dieses Wunsches ganz genau und beschreiben Sie ihn für sich selbst. Wie fühlt sich das an?

➔ *Spüren Sie den Wunsch zu atmen.* Spüren Sie diesem Wunsch bereitwillig nach. Sie haben die Möglichkeit, etwas zu fühlen, was Sie selten oder nie erleben – bleiben Sie in diesem Gefühl, ohne zu atmen.

➔ *Nehmen Sie wahr, welche Gedanken in Ihnen auftauchen.* Danken Sie Ihrem Verstand für Ihre Gedanken – lassen Sie sie jedoch nicht das Kommando übernehmen; schließlich haben Sie beschlossen, den Atem eine Zeit lang anzuhalten. Nehmen Sie sich in Acht vor Gedanken, die versuchen, Sie dazu zu bringen, vorzeitig zu atmen. Nehmen Sie alle Gedanken wahr, die in Ihnen hochkommen, und halten Sie den Atem weiter an.

◆ *Achten Sie darauf, welche anderen Gefühle vielleicht auftreten,* die den Wunsch zu atmen begleiten. Lassen Sie auch diese wenigen Gefühle da sein, während Sie sich dafür entscheiden, immer noch den Atem anzuhalten.

◆ *Spüren Sie Ihren ganzen Körper und achten Sie darauf,* wie er, über den Wunsch zu atmen hinaus, von anderen Wahrnehmungen erfüllt ist. Lenken Sie Ihre Aufmerksamkeit darauf, wie Ihr Körper weiter funktioniert, obwohl Sie den Atem anhalten. Ihre Augen können blinzeln, Ihr Herz kann schlagen, Ihr Magen knurren oder Nahrung verdauen, und Sie können mit den Zehen wackeln.

◆ *Bleiben Sie dabei, so lange den Atem anzuhalten,* wie Sie können. Spüren Sie einfach nur, wie es sich in Ihrem Körper anfühlt, eine Zeit lang nicht zu atmen, und welche Gedanken und Gefühle Sie dabei haben.

Legen Sie die Tipps vor sich, bevor Sie nun den Atem erneut anhalten, und stoppen Sie die Zeit, die Sie diesmal ohne Atmen auskommen.

Konnten Sie einen Unterschied feststellen in der Zeit, die Sie ohne zu atmen auskamen, oder in der Art, wie Sie es erlebten, den Atem anzuhalten?

Kann Akzeptanz auf diese Weise auch für andere, stärkere Gefühle des Unwohlseins eine Alternative darstellen?

Meinen Sie, diese Übung hat Ihnen eine Erfahrung ermöglicht, die Sie auch auf andere Situationen in Ihrem Leben übertragen können, insbesondere auf Ihre Probleme?

WICHTIGES ÜBER AKZEPTANZ

❗ *Durch Akzeptanz verstehen wir die Bereitwilligkeit,* schon existierende Gedanken, Gefühle oder körperliche Wahrnehmungen zu haben.

❗ *Etwas zu akzeptieren bedeutet nicht,* es auch zu mögen.

❗ *Akzeptanz lässt sich auch als Erweiterung beschreiben –* wir öffnen uns für eine Erfahrung oder räumen ihr Platz ein.

❗ *Akzeptanz ist weder passiv noch resignierend,* sondern ein Ausgangspunkt für echte Veränderung.

8.

8. Dezentrierung versuchen

Stellen Sie sich vor, Sie seien der Meinung, ein schlechter, ja ganz und gar wertloser Mensch zu sein. Sagen Sie eine Weile zu sich selbst: „Ich bin schlecht, ich bin überflüssig." Versuchen Sie, sich in das Gefühl hineinzuversetzen, das Sie hätten, würden Sie wirklich so von sich denken. – Versuchen Sie nun, sich stattdessen Folgendes vorzusagen: „Im Augenblick denke ich gerade, ich sei schlecht." Und: „Im Augenblick denke ich gerade, ich sei überflüssig." Wiederholen Sie diese Sätze einige Male. Fühlt sich das anders an?

Oft wirken unsere Gedanken und Gefühle äußerst real und glaubwürdig, und wir kommen nicht einmal auf die Idee, dass sie nichts als Gedanken sind.

Ihre Gedanken sind keine Wahrheiten. Und Sie sind nicht das, was Sie denken.

Ihre Gedanken sind keine Wahrheiten. Und Sie sind nicht das, was Sie denken. Versuchen Sie doch einmal zu denken: „Ich bin eine Katze", „Ich kann Fußball spielen wie Podolski" oder irgendetwas anderes in der Art. Sie werden sehen, das funktioniert genauso wie Gedanken von dem Typ: „Ich bin schlecht", „Ich bin der Beste" oder „Das schaffe ich nie".

> Dezentrierung bedeutet zu sehen:
> Ein Gedanke ist ein Gedanke und sonst nichts.

Das Gleiche gilt auch für andere innere Erlebnisse wie unsere Gefühle und körperlichen Symptome. Sie mögen sie als sehr unangenehm empfinden, schaden können sie Ihnen jedoch nicht. Angst ist für jeden von uns quälend, es ist aber einfacher, wenn wir jemand sind, der just in diesem Augenblick das Gefühl von Angst und Herzklopfen hat, als jemand, der sich von seiner Angst, seinen Gedanken und seinen Gefühlen demgegenüber verzehren lässt – von der Angst, dass es nicht vorbei geht, dass man mit seinem Problem nicht fertig wird, sowie von dem starken Wunsch, dieses loszuwerden.

ACHTSAMKEIT

Es gibt viele gute Übungen für Achtsamkeit, die uns dabei helfen können zu beschreiben, was wir erleben.

Unser Gehirn ist Weltmeister darin, unaufhörlich alles zu vergleichen, was wir beobachten (gut, besser, schlecht, ganz schlimm, unerträglich, wünschenswert). Versuchen Sie selbst etwas oder jemanden zu beschreiben, das oder den Sie gerade vor sich sehen, ohne vergleichende oder wertende Wörter zu verwenden. Versuchen Sie dann etwas, das Sie gerade erleben, auf rein faktische (statt wertende) Weise zu beschreiben. Das sind wir nicht gewohnt.
Dieses ständige Bewerten unserer Gedanken, Gefühle und körperlichen Empfindungen macht es uns schwer, mit unseren Erlebnissen umzugehen. Und es kann sehr nützlich für uns sein, uns darin zu üben, sie bewusst mehr faktisch als wertend oder urteilend zu beschreiben.

Wir können dem Fluss unseres Bewusstseins wie einem Radiosender lauschen, ohne den Inhalt des Gehörten zu mögen – selbst wenn das am Anfang schwer sein mag. Sie können die Erlebnisse, die pausenlos durch Ihr Bewusstsein strömen, wahrnehmen, ohne auf sie zu reagieren.

Wenn Sie beispielsweise denken: „Was soll ich heute Abend kochen?", dann nehmen Sie lediglich den Gedanken wahr, ohne darauf zu antworten, indem Sie beispielsweise denken: „Wie wär's mit Spaghetti Bolognese? Obwohl – das hatten wir erst kürzlich …"

Dasselbe gilt auch für schwierigere innere Vorgänge. Sie können Sie wahrnehmen, ohne auf sie zu reagieren oder weiter darüber nachzudenken.

Finden Sie es schwer, Ihre Gefühle zu benennen?
Diese sind unsere neun Basisemotionen:

Furcht, Ärger, Überraschung, Ekel, Traurigkeit, Schuld, Liebe, Freude, Neugier.

Keine dieser Emotionen ist an sich negativ oder positiv –
wir Menschen bewerten die Gefühle!

Achtsamkeit bietet uns eine gute Möglichkeit, Akzeptanz und Dezentrierung zu üben. Wenn wir ganz bewusst im Jetzt leben, wagen wir es eher, die Aufmerksamkeit auf die Vorgänge in uns zu richten, unsere inneren Erlebnisse bereitwillig wahrzunehmen, um sie dann aus dem Mittelpunkt zu rücken und als das zu sehen, was sie wirklich sind, ganz ohne urteilende oder vergleichende Gedanken.

Versuchen Sie es selbst auf der folgenden Seite:

ACHTSAMKEITSÜBUNG

Setzen Sie sich eine Weile an einen ungestörten Ort. Es muss nicht unbedingt ein besonders ruhiger Ort sein – auch wenn es Ihnen anfänglich helfen mag. Wenn Sie möchten, können Sie die Augen schließen.

Stellen Sie sich vor, Sie gehen draußen spazieren und stoßen auf eine Straße, wo gerade ein Marathonlauf stattfindet. Sie bleiben stehen und schauen den Läufern eine Zeit lang zu. Lassen Sie jeden Läufer etwas mitnehmen, was sich in Ihrem Bewusstsein regt – einen Gedanken, eine Erinnerung, ein Bild, eine körperliche Empfindung oder ein Gefühl. Manchmal kommen mehrere Läufer auf einmal, manchmal ist viel Abstand zwischen ihnen. Manche Läufer sind energisch und schnell, andere sind langsam und verweilen etwas länger in Ihrem Gesichtsfeld.

Was erleben Sie in diesem Augenblick? Welcher Gedanke tritt gerade in Ihr Bewusstsein? Sehen Sie ihn geschrieben oder abgebildet auf einem der Läufer, der an Ihnen vorbeizieht und dann verschwindet.

Welche weiteren Gedanken, Gefühle und körperlichen Empfindungen haben Sie? Fahren Sie damit fort, alles was Sie im Augenblick denken und erleben, auf den Läufern abgebildet zu sehen.

Sie merken sicherlich des Öfteren, dass Sie bei einem Gedanken oder Gefühl hängen geblieben sind und weitergedacht oder darauf geantwortet haben. Gehen Sie zurück an den Rand und schauen Sie auf die Läufer, die an Ihnen vorbeiziehen. Ihre Aufgabe liegt darin, neugierig zu beobachten, ohne das, was in Ihrem Bewusstsein auftaucht, zu kommentieren, zu werten, zu verteidigen, zu beantworten oder weiterzudenken.

Setzen Sie die Übung noch einige Minuten fort. Wenn Sie möchten, können Sie bis zu 20 Minuten in der Übung bleiben.

Merken Sie in der Übung, wie alle Gedanken, Gefühle und körperlichen Empfindungen kommen und gehen? Nicht einmal ein negativer Gedanke verbleibt lange in unserem Bewusstsein, wenn wir ihm keine Nahrung geben, indem wir ihn uns beispielsweise verbieten oder ihn zu vermeiden versuchen. Nur dann heischt er ständig nach Aufmerksamkeit.

Seinen eigenen Gedanken, Gefühlen und körperlichen Empfindungen beim Kommen und Gehen zuschauen zu können ist eine Kunst. Und wie mit anderen Künsten auch ist es die Übung, die sie ermöglicht. Machen Sie diese Übung oder irgendeine andere Übung, die Sie passender finden. Üben Sie sich täglich für einige Zeit in der Kunst, Ihre inneren Erlebnisse zu beobachten, ohne sie automatisch als gut oder schlecht zu bewerten, sie loszuwerden versuchen oder auf sie zu reagieren. Lassen Sie sie einfach da sein.

Probieren Sie nun noch eine andere Übung:

DEZENTRIEREN

Versuchen Sie eine Zeit lang zu dezentrieren, indem Sie an den Erlebnissen, die just in diesem Augenblick Ihr Bewusstsein passieren, ein Etikett anbringen.

Versuchen Sie es mit Etiketten, die Sie für sinnvoll halten. Sie können beginnen mit: „Ich denke gerade, dass …", „Ich habe jetzt das Gefühl …" und „Ich spüre gerade in meinem Körper …"

9.

9. Gönnen Sie es sich, im Jetzt zu sein

Mit den Achtsamkeitsübungen lernen Sie auch, im Jetzt zu sein.

Unser Bewusstsein ist viel zu oft mit dem beschäftigt, was üblicherweise geschieht, früher geschah oder in Zukunft geschehen kann. Also mit der Vergangenheit, an der wir nichts ändern können, oder mit der Zukunft, die ungewiss ist. Durch den Kontakt mit dem Jetzt, indem Sie das wahrnehmen, was im Augenblick geschieht, können Sie auf jede Situation aus ihren eigenen Voraussetzungen heraus reagieren, statt so zu reagieren, als hätten Sie den Autopiloten eingeschaltet.

Wenn Sie beispielsweise Angst haben, dass Sie zu spät zu einer Sitzung oder zur Abholzeit in den Kindergarten kommen, brauchen Sie nicht sämtliche anderen Situationen mitzudenken, in denen Sie sich schon mal verspätet haben: „Das wird genauso sein! Ich komme immer zu spät! Alle anderen können pünktlich sein, ohne sich abzuhetzen." Und Sie brauchen auch nicht all Ihre eventuellen Verspätungen in der Zukunft mitzudenken, die Ihnen Angst machen: „Ich werde immer als Letzter kommen. Ich kriege so ein Leben nicht hin, wenn ich mich täglich derart abhetzen muss, um pünktlich zu sein!" Gerade jetzt ist es für Sie wahrscheinlich genug, ausschließlich den Stress oder die Angst in eben dieser Situation zu bewältigen.

ÜBEN SIE, IM JETZT ZU SEIN

Fragen Sie sich beispielsweise:

„Was erlebe ich gerade in diesem Augenblick?"
„Welche Gedanken, Gefühle und körperlichen Empfindungen habe ich?"

Sie werden feststellen, dass Sie oftmals Ressourcen haben, um das Jetzt zu bewältigen, wenn Sie es sich nur erlauben, im Jetzt zu bleiben. Das Jetzt können Sie bewältigen. Und indem Sie das Jetzt bewältigen, können Sie Ihr Leben bewältigen.

Wenn wir akzeptieren, was wir erleben, sind wir nicht passiv, ganz im Gegenteil: Auf diese Weise bekommen wir die Möglichkeit, auf jede Situation aktiv zu reagieren, statt automatisch zu antworten oder uns zusammenzureißen.

Das Jetzt können Sie bewältigen.

Die Gedanken und Gefühle, die Sie wahrnehmen, mögen zutreffen oder nicht – das spielt keine Rolle für die Art und Weise, wie Sie sich ihnen gegenüber verhalten. „Ich bin ein wertloser Mensch." „Sie ist eine schlechte Chefin." „Ich spüre einen Druck auf der Brust, wenn ich das tue." Fragen Sie nicht danach, ob Ihre Gedanken, Gefühle oder körperlichen Empfindungen wahr, verständlich oder gerechtfertigt, sondern ob sie Ihnen nützlich sind. Und fragen Sie Ihre Erfahrung, nicht Ihren Verstand.

10.

10. Der problemfreie Normalzustand – eine Illusion

Das Leben bettet uns nicht nur auf Rosen. Wir alle machen in unserem Leben auch schmerzvolle Erfahrungen: Wir werden von einer Krankheit heimgesucht, erleben einen Unfall, hören die rücksichtslosen Worte eines anderen Menschen ...

Die meisten Menschen, denen ich als Therapeutin begegne, meinen auch, dass jedes Leben bittere Ereignisse und Misserfolge kennt. Viel weniger Menschen allerdings würden die natürliche Fortsetzung dieser These unterschreiben: dass nämlich die schwierigen oder unangenehmen Gedanken, Gefühle und körperlichen Empfindungen, die damit zusammenhängen, ebenfalls ein Teil des Lebens sind. Doch genauso ist es. Und das hat zur Folge, dass die negativen oder dunklen Gefühle wie Angst, Unruhe, Niedergeschlagenheit und Traurigkeit ein Teil des Schmerzes sind, der zu unserem Leben gehört.

Wir Erwachsenen versuchen manchmal unseren Kindern beizubringen, dass wir den Schmerz in unserem Leben kontrollieren können. Warum sonst sagen wir zu ihnen Sätze wie: „Du brauchst nicht traurig zu sein", „Hab keine Angst", „Mach dir keine Sorgen" – so als könnten wir Gefühle ausblenden? Bestimmte Schmerzen beziehungsweise unerwünschte Gefühle scheinen also unausweichlich zu sein. Wir haben lediglich einen Einfluss darauf, wie viel Leid der Schmerz verursacht. Traurig sein, weil wir nicht glücklich sind, Angst haben, weil wir Angst bekommen, uns fürchten, weil wir uns fürchten – gegen diese Leiden können wir etwas unternehmen.

Wir können kein schmerzfreies Leben führen, obwohl ein kulturelles Trugbild uns ausmalt, dass dies möglich sei. Nicht nur das beschönigende Leben, das die Werbung zeigt, vermittelt uns diesen Eindruck, sondern auch die Tatsache, dass viele Menschen, denen wir begegnen, so glücklich und zufrieden wirken.

Aber denken Sie doch einmal nach: Wie kommen die Scheidungsstatistiken zustande, wer nimmt die ganzen Medikamente, die jedes Jahr verschrieben werden, wer ist deprimiert und krankgeschrieben? Genau – das sind wir und die anderen! Ich würde daraus schlussfolgern: Für uns, die wir zur Tierart Homo sapiens gehören, gilt es als normal, gesundheitliche Probleme, Schwierigkeiten sowie Gedanken und Gefühle zu haben, die wir als unangenehm bewerten.

Stellen Sie sich vor, die Zufriedenen hätten überlebt!

Dann würden wir draußen in der Natur nackt herumsitzen, hungern und frieren – und wir wären damit zufrieden. Oder wahrscheinlicher: Wir wären längst ausgestorben.

Unsere Tierart besteht aus Herdentieren, von denen diejenigen die größte Überlebenschance hatten, die unzufrieden und besorgt waren. Ebenso sicherte ein Platz in der Herde – also die Tatsache, gemocht zu werden – das Überleben. Wurde jemand aus der Herde ausgeschlossen, so wurde er gewissermaßen den Wölfen überlassen. Das Gehirn, das unseren Vorfahren zu überleben half, hat sich seither nicht weiterentwickelt. Wir leben immer noch mit der Version 1.0 und müssen deshalb damit rechnen, dass unser Gehirn ständig nach Gefahren, Schwierigkeiten und Risiken sucht, nicht gemocht zu werden, sowie nach der Kluft zwischen der bestehenden Lage und dem Wunschzustand. Wir sollten unserem Gehirn Verständnis entgegenbringen – schließlich meint es, uns beim Überleben behilflich zu sein! Uns Menschen im 21. Jahrhundert bleibt nichts anderes übrig, als damit zurechtzukommen.

> Es kommt darauf an,
> Dinge zu tun,
> die uns etwas bedeuten.

Ein „glückliches Leben" wird nicht einfach durch das ausschließliche Vorhandensein positiver beziehungsweise durch das Fehlen negativer Gefühle definiert. In einem glücklichen Leben haben eine ganze Menge negativer Gedanken, Gefühle und körperlicher Empfindungen Platz. Es kommt darauf an, Dinge zu tun, die uns etwas bedeuten. Wir brauchen nicht damit zu warten, das Leben zu leben, das wir gerne möchten, bis alle unsere Probleme gelöst sind. Bis wir nicht mehr gestresst, traurig oder ängstlich sind oder bis wir keinerlei Schmerzen mehr haben und „gesund" sind. Wir können das vielfältige Leben, das wir uns wünschen, jetzt schon leben, statt es im Kampf um das Erreichen eines bestimmten Zustands zu verschwenden.

> Haben Sie darauf gewartet, „gesund" zu werden oder sich weniger gestresst zu fühlen, um dann so zu leben, wie Sie es sich wünschen?

11.

11. Ein wertvolles Leben

Nun haben Sie mehrere kleinere und größere Übungen ausprobiert, in denen es darum ging, mithilfe von Akzeptanz, Dezentrierung und Achtsamkeit bereitwillig das zu erleben, was Sie ohnehin erleben.

Scheint diese Verhaltensweise, die mit Akzeptanz, Dezentrierung und Achtsamkeit einhergeht, für Sie zu funktionieren?

Wenn Sie die Frage bejaht haben, dann werden Sie in Zukunft nicht mehr versuchen, Ihre inneren Erlebnisse zu kontrollieren oder zu vermeiden. Und Sie werden Ihre Entscheidungen im Leben auf andere Art und Weise treffen.

● *Worauf möchten Sie denn gerne Ihre Energie konzentrieren?* Auf etwas, das Ihr Leben lebenswert macht, das Ihnen viel bedeutet. Es ist an der Zeit, darüber nachzudenken, was Ihnen im Leben eigentlich wichtig ist und wie Ihr Leben aussehen soll. Suchen Sie nach Dingen, die Sie tun würden, selbst wenn kein Mensch je davon wüsste, nach etwas, das für Sie selbst Wert hat und das Sie nicht um jemand anderes Willen tun. Es ist an der Zeit, eine Richtung im Leben einzuschlagen, die Sie persönlich verfolgen möchten – Ihre frei gewählte wertorientierte Richtung. Diese wertorientierten Richtungen ähneln den Himmelsrichtungen: Sie kommen niemals dort an, aber Sie befinden sich stets auf dem richtigen Weg.

DIE EIGENE WERTORIENTIERTE RICHTUNG

Hier ist eine Liste mit einigen unterschiedlichen Lebensbereichen, über die Sie vielleicht nachdenken und für die Sie gerne eine eigene wertorientierte Richtung formulieren möchten. Sie können für jeden Lebensbereich Schlüsselworte aufschreiben oder ein bis zwei Sätze formulieren.

Beziehungen

....

....

Arbeit – Entwicklung

....

....

Gesundheit – Spiritualität

....

....

Freizeit

....

....

In welchem Maße haben Sie in letzter Zeit so gelebt, wie Sie leben möchten?

SICH IN DIE EIGENE WERTORIENTIERTE RICHTUNG ENGAGIEREN

➡ *Suchen Sie sich einige Ihrer zuvor aufgeschriebenen* wertorientierten Richtungen aus, die Ihnen besonders wichtig sind. Machen Sie sich klar, dass Sie nicht alles auf einmal tun können.

➡ *Wählen Sie dazu ein oder mehrere konkretere Ziele,* die Sie auf dem Weg in die richtige Richtung ansteuern können. Setzen Sie sich Ziele, die Sie auch erreichen können. Und formulieren Sie sie so, dass Sie erkennen können, wann Sie an einem Ziel angekommen sind. „Konditionstraining drei Mal pro Woche einen Monat lang" klingt beispielsweise besser als: „Mit dem Training beginnen".

➡ *Für jedes Ziel können Sie dann einige Dinge auflisten,* die Sie bereits heute in Angriff nehmen können. Für das Ziel „Konditionstraining drei Mal pro Woche" könnten Sie zum Beispiel notieren: Sportschuhe kaufen, Trainingszeiten festlegen, von der Arbeit nach Hause gehen.

BEISPIEL:

Wertorientierte Richtung

Ich will eine achtsame Mutter/ein achtsamer Vater sein.

Ziel

Den Kindern bei der täglichen Routine ungeteilte Aufmerksamkeit schenken.

Handeln

Ich schalte mein Handy aus, wenn ich die Kinder abhole.
Ich lese beim Abendessen keine Zeitung.

Notieren Sie ebenso zu Ihren ausgewählten wertorientierten Richtungen Ihre Ziele und Ihr Handeln:

Wertorientierte Richtung

Ziel

Handeln

....

....

Wertorientierte Richtung

Ziel

Handeln

....

....

Durch Ihr Handeln können Sie sich in Ihre eigene wertorientierte Richtung engagieren. Die Ziele sind Etappen auf dem Weg in Ihre selbst gewählte Richtung, die Sie abhaken können, sobald Sie sie erreicht haben. Die Reise aber in Ihre eigene wertorientierte Richtung dauert Ihr ganzes Leben.

Beachten Sie, dass dies keine Methode ist, sich sinnlos bis an Ihre absoluten Grenzen anzutreiben. Dies wäre zum Beispiel der Fall, wenn Arbeit für Sie eine hohe Priorität hätte und Sie noch im übermüdeten Zustand intensiv weiterarbeiten. Üben Sie Achtsamkeit, um zu spüren, ob Sie müde sind und eine Pause brauchen. Fragen Sie sich dann: Funktioniert es, wenn ich langfristig in diesem Tempo arbeite? In diesem Fall mag die Ruhepause rastlos und unangenehm wirken, doch sie ist genau das, was Sie brauchen, um auf lange Sicht in Ihre wertorientierte Richtung zu gehen. Heute schon.

Wenn Sie sich in den Techniken geübt haben, die dieses Buch vorstellt, dann können Sie Ihr Leben lang immer wieder diesen einen Schritt tun: Sie setzen Ihre eigenen Ziele und richten Ihr Handeln danach aus.

Dabei werden Sie auf vielerlei Hindernisse stoßen, die Sie davon abhalten möchten, so zu handeln, wie Sie es für richtig halten. Einige davon liegen in der äußeren Welt, und Sie müssen ihnen mit Problemlösung begegnen. Viele jedoch gehören zu Ihrer inneren Welt und betreffen Ihre persönlichen Reaktionen – Ihre Gedanken, Gefühle, körperlichen Empfindungen. Und für eben diese Hindernisse sind Sie nun mit Strategien ausgerüstet, damit Sie ihnen auf eine neue Art und Weise begegnen können: mit Akzeptanz, Dezentrierung und Achtsamkeit.

TIPPS FÜR IHR LEBEN

Nehmen Sie bereitwillig das an, was Sie ohnehin erleben.

Wählen Sie Ihre eigene wertorientierte Richtung.

Tun Sie das, was Sie in Ihre persönliche Richtung führt.

12.

12. Das Leben als Star

Stellen Sie sich vor, Sie seien ein Star und – wo immer Sie auch hingehen – von einer Menge Assistenten und Sicherheitskräften umgeben. Unaufhörlich kreisen sie betriebsam um Sie herum, in der Absicht, Sie zu schützen und sich um Sie zu kümmern. Die ganze Zeit rufen sie Ihnen Informationen, Ratschläge und Warnungen zu und glauben, Ihnen damit zu helfen.

> *„Tu das bloß nicht, sie werden alle denken, du bist faul!"*
>
> *„Reiß dich zusammen, die anderen schaffen es doch auch!"*
>
> *„Du schafft das nicht, und sie werden es herausbekommen!"*
>
> *„Sag ‚ja', sonst fragen Sie dich nie wieder!"*
>
> *„Lass es doch bleiben, du hast Angst!"*

Diese Personen, die Sie umschwirren, stellen Ihre unbrauchbaren Gedanken, Gefühle und körperlichen Empfindungen dar. Manchmal sind sie besonders lautstark und manchmal etwas umgänglicher. Sie alle aber versuchen, Sie zu beeinflussen und Ihre Wege und Handlungen zu lenken.

Wenn Sie das Steuer Ihren Gefolgsleuten überlassen, werden Sie Ihr Ziel nicht erreichen.

Bevor Sie mit den Übungen in diesem Buch begonnen haben, haben Sie vielleicht versucht, diejenigen aus Ihrem Gefolge zu beseitigen, die unangenehm waren. Oder Sie haben das getan, was sie Ihnen sagten, damit sie nicht zu aufdringlich werden. Indem Sie aber versuchten, sie loszuwerden, sind Sie auch nicht weitergekommen.

Nun wissen Sie, dass Sie die Wahl haben: Sie können tun, was Ihre Gefolgsleute sagen, und sie Ihr Leben steuern lassen. Oder aber Sie lassen sie lärmen, ohne ihnen zu antworten, ohne pro und kontra zu argumentieren, ohne sie aus Ihrem Orbit auszustoßen und ohne sie zu trösten. Stattdessen können Sie den Weg gehen, den Sie bewusst gewählt haben, Ihre selbst gewählte wertorientierte Richtung verfolgen. Sie kämpfen nicht gegen Ihre eigenen Gedanken, Gefühle und körperlichen Empfindungen, aber Sie schenken ihnen auch keine besondere Aufmerksamkeit. Sie lassen sie ruhig kommen, denn Sie wissen, dass sie Ihnen nur dann schaden können, wenn sie Sie in eine Richtung drängen, in die Sie gar nicht wollen. Auch diese wilden Kerle sind ein Teil von Ihnen. Sie brauchen sie nicht aus Ihrem Gefolge auszustoßen, bevor Sie nicht die Richtung einschlagen konnten, die Sie selbst wählten. Und dann gehen Ihre Gefolgsleute mit.

> Sie sind der Star,
> und Sie entscheiden,
> wie Sie Ihr Leben führen möchten.

Möchten Sie mehr erfahren?

Die in diesem Buch beschriebenen Übungen gehen auf die Kognitive Verhaltenstherapie (KVT) und die Akzeptanz- und Commitment-Therapie (ACT) zurück. Zum Thema ACT gibt es mehrere deutschsprachige Selbsthilfebücher. Sie beschreiben ausführlich die innere und äußere Welt, die kognitive Dezentrierung, das beobachtende Ich, die Akzeptanz, den Kontakt mit dem Jetzt, die persönlichen Werthaltungen sowie die Art und Weise, wie man seinen Weg engagiert in die selbst gewählte wertorientierte Richtung gehen kann. Die Bücher aus dem näheren Umfeld der Achtsamkeits-KVT wenden einige, jedoch nicht alle Techniken der ACT an.

Darüber hinaus gibt es eine große Auswahl an Büchern, Kursen und Audio-CDs zum Thema Achtsamkeit, die eines der wichtigen Werkzeuge der ACT darstellt.

Wissen ist gut, doch zu Ergebnissen führen nur Übung und Praxis. Wenn Sie Hilfe brauchen, um Übungen durchzuführen und sich in Ihre selbst gewählte wertorientierte Richtung zu bewegen, dann kontaktieren Sie einen Therapeuten, der ACT anwendet.

Buchhinweise

Zur Akzeptanz- und Commitment-Therapie:
Hayes, Steven C. Luoma, Jason & Walser, Robyn D.:
ACT-Training. Handbuch der Acceptance & Commitment Therapie.
Paderborn 2008

Heidenreich, Thomas & Michalak, Johannes (Hrsg.):
Achtsamkeit und Akzeptanz in der Psychotherapie. Ein Handbuch.
Tübingen 2004

Harris, Russ: Wer dem Glück hinterher rennt, läuft daran vorbei:
Ein Umdenkbuch. Mit einem Geleitwort von Konstantin Wecker
und einem Vorwort von Steven C. Hayes. München 2009

Zur Achtsamkeit
Steindl-Rast, David: Die Achtsamkeit des Herzens. Freiburg 2005

Thich Nhat Hanh: Jeden Augenblick genießen. Übungen zur
Achtsamkeit. Freiburg 2011

Thich Nhat Hanh: Das Wunder des bewussten Atems. Der Weg
zu mehr Gelassenheit und Frieden. Freiburg 2009

DR. PHIL. KERSTIN JEDING

ist Psychologin und arbeitet als Therapeutin und Psychologin in der Stress- und Schlafambulanz. Sie hat zudem an Projekten zu Ermittlungen, Gruppentherapie, Ausbildungen, Präventivmaßnahmen und Problemen am Arbeitsplatz mitgearbeitet und geforscht.

Für ihre Patienten, die an Schlaflosigkeit, Erschöpfungssyndrom, Angst oder Niedergeschlagenheit leiden, hat sich die Behandlung, die auf der aus der Kognitiven Verhaltenstherapie hervorgegangenen Akzeptanz- und Commitment-Therapie (ACT) basiert, als hilfreich erwiesen. Auf dieser Methode gründet auch dieses Buch.

Die schwedische Originalausgabe ist erschienen unter dem Titel
„29 SIDOR MOT SÖMNBESVÄR".
© Kerstin Jeding, 2011
First published by Albert Bonniers Förlag, Stockholm, Sweden
Published in the German language by arrangement with Bonnier Group Agency,
Stockholm, Sweden

© KREUZ VERLAG
in der Verlag Herder GmbH, Freiburg im Breisgau 2012
Alle Rechte vorbehalten
www.kreuz-verlag.de

Umschlaggestaltung: agentur IDee
Umschlagmotiv: © agentur IDee
Autorenfoto: © Caroline Andersson

Innengestaltung und Satz: agentur IDee · www.agenturIDee.de
Herstellung: L.E.G.O. Olivotto S.p.A., Vicenza

Gedruckt auf umweltfreundlichem, chlorfrei gebleichtem Papier

Printed in Italy

ISBN 978-3-451-61106-3

Gut leben

Kerstin Jeding:
64 SEITEN FÜR GUTEN SCHLAF

64 Seiten, gebunden,
€ 9,99 / SFr 14,90 / €[A] 10,30
ISBN 978-3-451-61105-6